ຂອບໃຈທຳມະຊາດ!

ໂດຍ ແອບນ້າ ສຸອັນບະລາດ
ຮູບໂດຍ ໄມເຕິບ ແມກປັນເຕ

Library For All Ltd.

ອົງການ Library For All ແມ່ນອົງການທີ່ບໍ່ຫວັງຜົນກຳໄລ ທີ່ມີພັນທະກິດທີ່ຈະເຮັດໃຫ້ທຸກຄົນ
ສາມາດເຂົ້າເຖິງແຫຼ່ງຄວາມຮູ້ ຜ່ານບະອັດຕະກຳຫ້ອງສະໝຸດດິຈິຕອນ.
ເຂົ້າເບິ່ງລາຍລະອຽດເພີ່ມເຕີມທີ່: libraryforall.org

ຂອບໃຈທຳມະຊາດ!

ພິມຄັ້ງທຳອິດ 2022

ຈັດພິມໂດຍ: ອົງການ Library For All
ອີເມວ: info@libraryforall.org
URL: libraryforall.org

ຮູບແຕ້ມຕົ້ນສະບັບໂດຍ ໄມເຄິນ ແມກປັນເຕ

ຂອບໃຈທຳມະຊາດ!
ແອບບ້າ ສຸວັນນະລາດ
ISBN: 978-9932-14-018-3
SKU02473

ຂໍໃຈທຳ²ມະຊາດ!

ຂອບໃຈທຳມະຊາດ!

ຂອບໃຈທີ່ມອບແສງອາທິດ
ອຸ່ນໆໃຫ້ຂ້ອຍໃນມື້ທີ່ຫນາວ.

ຂອບໃຈທີ່ມອບລົມເຢັນໃຫ້
ຂ້ອຍໃນມື້ທີ່ຮ້ອນ.

ຂອບໃຈທີ່ມອບອາກາດສົດໃຫ້
ຂ້ອຍໄດ້ຫາຍໃຈ.

9

ຂອບໃຈທີ່ມອບບ່ອນໃຫ້ຂ້ອຍ
ໄດ້ຢູ່ອາໄສ.

ຂອບໃຈທີ່ມອບອາຫານໃຫ້
ຂ້ອຍກິນອິ່ມທ້ອງ.

ຂອບໃຈທີ່ມອບນ້ຳສະອາດໃຫ້
ຂ້ອຍໄດ້ດື່ມ.

ຂອບໃຈທີ່ມອບວິວທິວທັດທີ່
ສວຍງາມໃຫ້ຂ້ອຍໄດ້ເບິ່ງ.

ຂອບໃຈທີ່ມອບແມ່ນ້ຳໃຫ້ຂ້ອຍ
ໄດ້ລອຍ.

ຂອບໃຈທີ່ມອບເດີ່ນທຍ້າ
ສົ່ງຂງວໃຫ້ຂ້ອຍໄດ້ແລ່ນຫຼິ້ນ.

ຂໍ້ມູນທາງບັນນາບຸລິມຂອງຫໍສະໝຸດແຫ່ງຊາດ

ແອນນ໌າ ສຸວັນນະລາດ
ຂອບໃຈທຳມະຊາດ! / ໂດຍ ແອນນ໌າ ສຸວັນນະລາດ.
-- ວຽງຈັນ: ປື້ມອ່ານ, 2022
18 ໜ້າ : ພາບປະກອບສີ ; 26 ຊມ
1. ວັນນະກຳສຳລັບເດັກ
I. ຊື່ເລື່ອງ
808.068 -- dc21
ເລກທະບຽນພິມຈຳໜ່າຍ: 059 / ອພຈ07052031
ISBN 978-9932-14-018-3

ເຈົ້າສາມາດໃຊ້ຄຳຖາມດັ່ງລຸ່ມນີ້ເພື່ອສິບທະບາກ່ຽວກັບເລື່ອງທີ່ອ່ານກັບ ຄອບຄົວ, ໝູ່ ແລະ ຄູອາຈານ.

ເຈົ້າໄດ້ຮຽນຮູ້ຫຍັງຈາກເລື່ອງນີ້?

ຈົ່ງອະທິບາຍເລື່ອງນີ້ ໂດຍໃຊ້ຄຳບັບຍາຍ 1ຄຳ. ຕະຫຼົກ? ຢ້ານ? ມິສິສັນ? ໜ້າສົນໃຈ?

ເມື່ອອ່ານຈົບແລ້ວ, ເລື່ອງນີ້ໃຫ້ຄວາມຮູ້ສຶກຫຍັງແດ່?

ໃນເລື່ອງນີ້, ເຈົ້າມັກສິ່ງໃດຫຼາຍທີ່ສຸດ?

ກ່ຽວກັບຜູ້ປະກອບສ່ວນ

ແອນບ້າ ສຸວັນນະລາດ ອາໄສຢູ່ນະຄອນຫຼວງວຽງຈັນ, ສປປ ລາວ. ເພິ່ນຮຽນຈົບການສຶກສາ ລະດັບປະລິຍາຕີ, ດ້ານວິທະຍາສາດສັງຄົມ ລົງເລິກດ້ານການພັດທະນາ ທີ່ປະເທດອິດສະຕາລີ ແລະ ມີຄວາມສົນໃຈກ່ຽວກັບການປົກປ້ອງເດັກ. ນອກຈາກວຽກປະຈຳຂອງເພິ່ນແລ້ວ, ເພິ່ນຍັງເຕັ້ອນໄຫວເປັນອາສາສະໝັກ ໂດຍ ເປັນນາຍແປ່ພາສາ ນິຫານສຳລັບເດັກ. ເພິ່ນຍັງເປັນສ່ວນໜຶ່ງຂອງທີມວິຊາການຂອງກຸ່ມທີ່ມີຊື່ວ່າ ກຳລັງໃຈ ເຊິ່ງເຕັ້ອນໄຫວກ່ຽວກັບສຸຂະພາບຈິດ. ເພິ່ນມີຄວາມມຸ້ງໝັ້ນເຈຕະນາ ໃນການພັດທະນາສິ່ງເສີ່ມສຸຂະພາບຈິດຂອງເດັກ ແລະໄວໜຸ່ມໃນປະເທດລາວ ຜ່ານການປະຕິບັດ ແລະ ຝຶກການມີສະຕິ ແລະ ການຮູ້ສຶກຂອບໃຈສິ່ງເລັກນ້ອຍ ອ້ອມຕົວເຮົາ.

ປື້ມທໍ່ວນີ້ມ່ອນບໍ?

ພວກເຮົາມີປື້ມຫຼາຍຮ້ອຍທໍ່ວໃຫ້ເລືອກອ່ານ.

ພວກເຮົາຍ່ວມມີໄພບັກຂຽນ, ຜູ່ງຊານດ້ານການສຶກສາ, ທີ່ປຶກສາທາງດ້ານວັດທະນະທຳ, ລັດຖະບານ ແລະ ອົງກອນທີ່ບໍ່ຂຶ້ນກັບລັດຖະບານ ເພື່ອບຳຄວາມເພີດເພີນ ໃນການ ອ່ານໃຫ້ກັບເດັກນ້ອຍທໍ່ວທຸກແຫ່ງ.

ຮູ້ບໍ?

ພວກເຮົາສ້າງການປ່ຽນແປງທີ່ດີໃນຊົງເຂດນີ້ ໂດຍປະຕິບັດ ເປົ້າໝາຍ ການພັດທະນາແບບຍືນຍົງຂອງສະຫະປະຊາຊາດ.

library forall.org